Impressum
Verlag: BABADADA GmbH, Nedderfeld 112 , 22529 Hamburg
Geschäftsführer / Verlagsleitung: Harald Hof
Druck: Books on Demand GmbH, In de Tarpen 42, 22848 Norderstedt

Imprint
Publisher: BABADADA GmbH, Nedderfeld 112 , 22529 Hamburg, Germany
Managing Director / Publishing direction: Harald Hof
Print: Books on Demand GmbH, In de Tarpen 42, 22848 Norderstedt

koulu
sekolahan

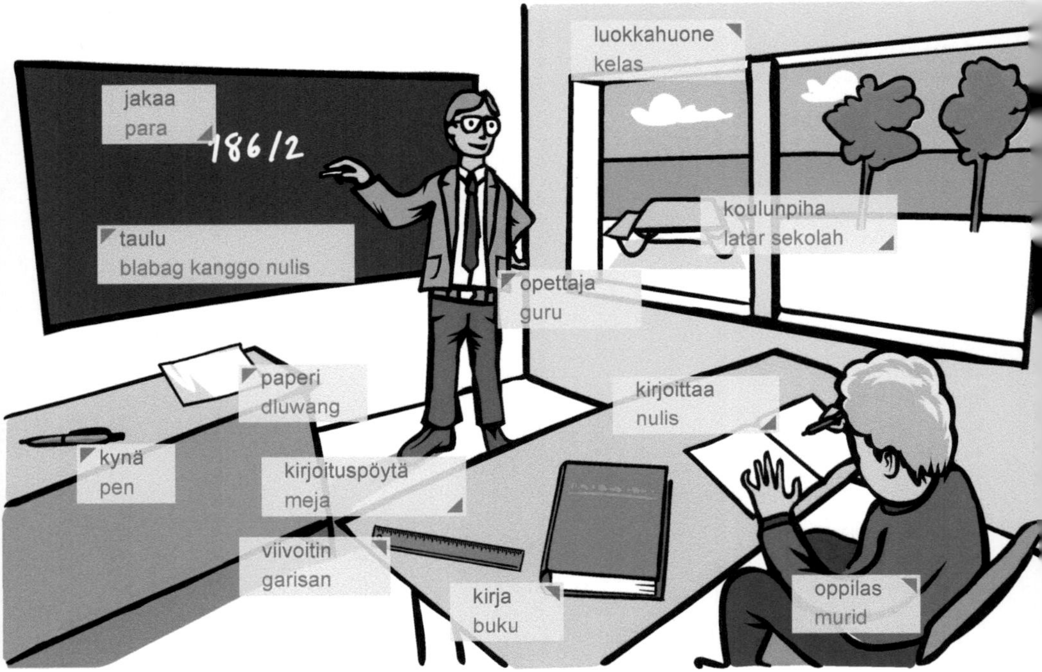
luokkahuone
kelas
jakaa
para
186/2
taulu
blabag kanggo nulis
koulunpiha
latar sekolah
opettaja
guru
paperi
dluwang
kirjoittaa
nulis
kynä
pen
kirjoituspöytä
meja
viivoitin
garisan
kirja
buku
oppilas
murid

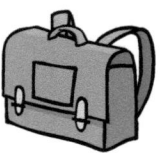

reppu

tas sekolah

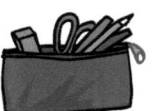

penaali

tepak potlot

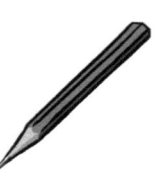

lyijykynä

potlot

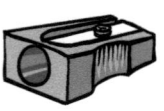

kynänteroitin

orotan potlot

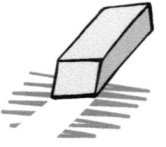

pyyhekumi

setip

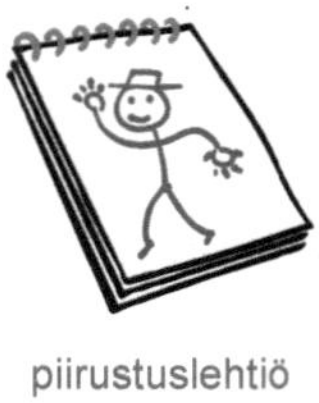

piirustuslehtiö

lemek nggambar

piirustus
gambar

pensseli
kuwas

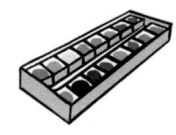

vesivärit
tepak cat nggambar

sakset
gunting

liima
lem

harjoituskirja
buku latihan soal

kotitehtävä
pakaryan omah

12

luku
angka

2+2

lisätä
tambah

5-2

vähentää
suda

2×2

kertoa
ping

laskea
itung

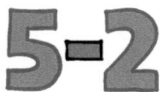

A

kirjain
aksara

ABCDEFG
HIJKLMN
OPQRSTU
VWXYZ

aakkoset
abjad

hello

sana
tembung

teksti
....
teks

lukea
....
maca

liitu
....
kapur

oppitunti
....
wulangan

opettajan muistikirja
....
dhaptar

koe
....
ujian

todistus
....
sertipikat

koulupuku
....
sragam sekolah

koulutus
....
pendhidhikan

sanakirja
....
ensiklopedia

yliopisto
....
universitas

mikroskooppi
....
mikroskop

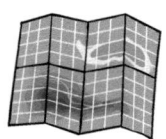

kartta
....
peta

roskakori
....
kranjang larahan

matka

perjalanan

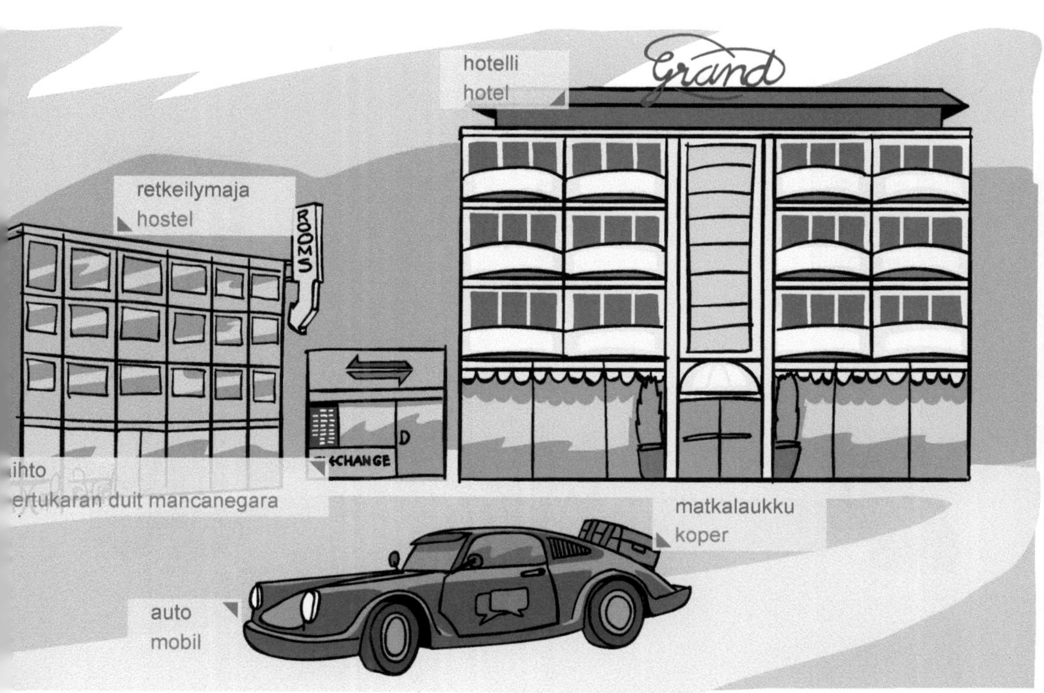
hotelli
hotel
Grand
retkeilymaja
hostel
ROOMS
ihto
ertukaran duit mancanegara
EXCHANGE
matkalaukku
koper
auto
mobil

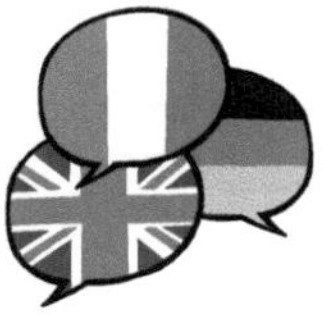

kieli

basa

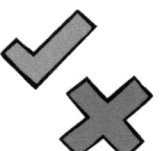

kyllä / ei

iya / ora

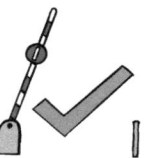

selvä

oke

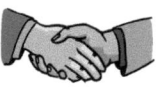

hei

halo

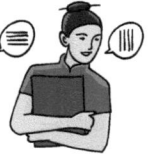

tulkki

juru basa

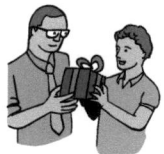

kiitos

matur nuwun

Paljonko...maksaa?

Piro regane ...?

en ymmärrä

aku ora ngerti

ongelma

masalah

Hyvää iltaa!

Sugeng dalu!

Hyvää huomenta!

Sugeng enjang

Hyvää yötä!

Sugeng dalu!

näkemiin

pareng

suunta

arah

matkatavarat

koper

laukku

tas

reppu

ransel

vieras

tamu

huone

kamar

makuupussi

kantong turu

teltta

tenda

turisti-info	ranta	luottokortti
informasi turis	pantai	kertu kredit

aamupala	lounas	päivällinen
sarapan	mangan awan	mangan ing wayah bengi

matkalippu	hissi	postimerkki
tiket	lift	perangko

raja	tulli	suurlähetystö
watesan	cukai	kedutaan

viisumi	passi	
visa	paspor	

kuljetus
angkutan

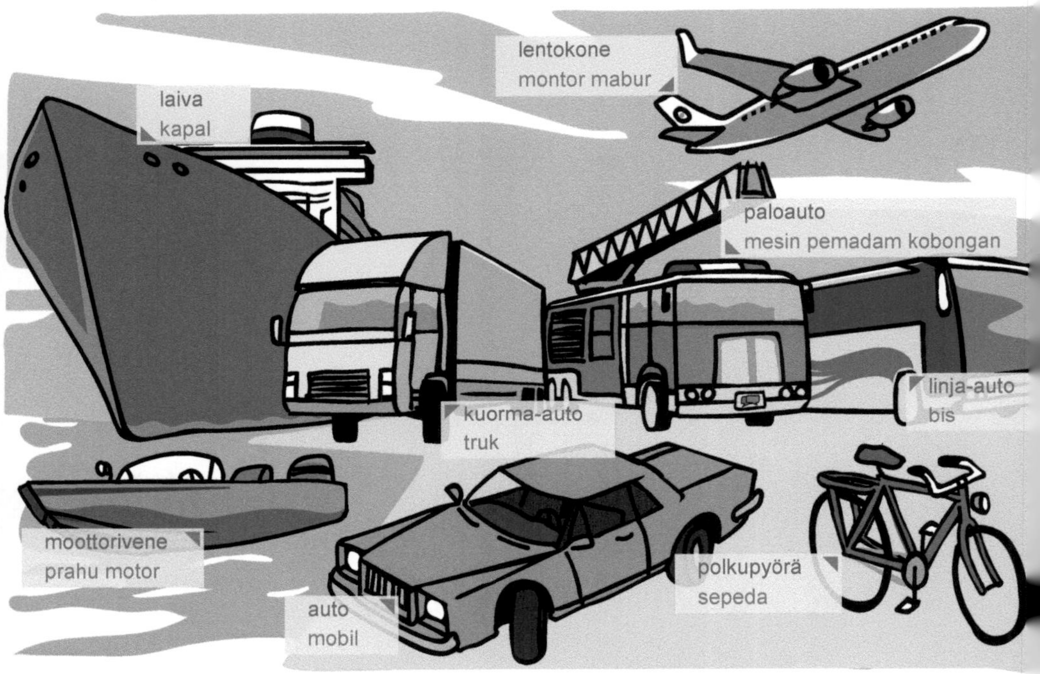
lentokone
montor mabur
laiva
kapal
paloauto
mesin pemadam kobongan
linja-auto
bis
kuorma-auto
truk
moottorivene
prahu motor
polkupyörä
sepeda
auto
mobil

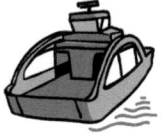

lautta

feri

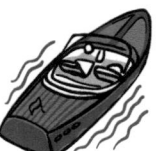

vene

perahu

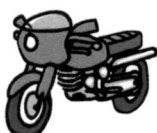

moottoripyörä

sepeda motor

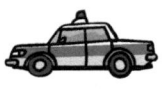

poliisiauto

mobil polisi

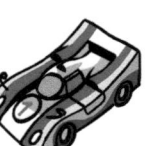

kilpa-auto

mobil balapan

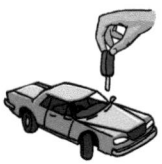

vuokra-auto

mobil sewa

car sharing

sewa mobil

hinausauto

truk derek

roska-auto

truk resek

moottori

motor

polttoaine

bensin

huoltoasema

pom bensin

liikennemerkki

tanda dalan

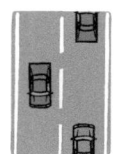

liikenne

lalu lintas

ruuhka

macet

parkkipaikka

parkir mobil

rautatieasema

stasiun sepur

raiteet

ril sepur

juna

sepur

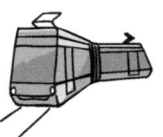

raitiovaunu

tram

vaunu

grobak

helikopteri

helikopter

lentokenttä

lapangan montor mabur

lähilennonjohto

menara

matkustaja

penumpang

kontti

kontener

pahvilaatikko

kerdhus

kärryt

troli

kori

kranjang

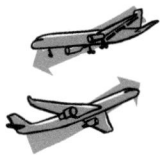

nousta / laskea

mabur / ndarat

kaupunki
kutha

kylä

desa

keskusta

tengah kutha

talo

omah

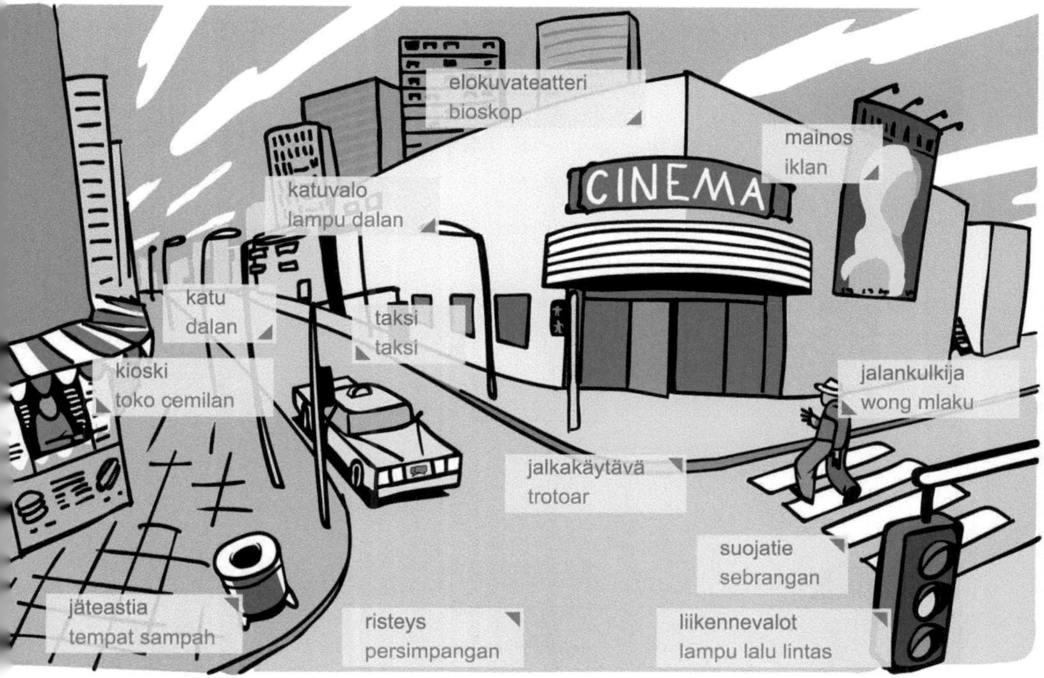
elokuvateatteri
bioskop
mainos
iklan
CINEMA
katuvalo
lampu dalan
katu
dalan
taksi
taksi
kioski
toko cemilan
jalankulkija
wong mlaku
jalkakäytävä
trotoar
suojatie
sebrangan
jäteastia
tempat sampah
risteys
persimpangan
liikennevalot
lampu lalu lintas

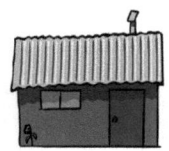

mökki

gubuk

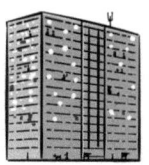

kerrostalo

apartemen

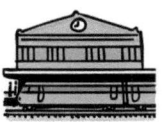

rautatieasema

stasiun sepur

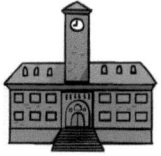

kaupungintalo

bale kutha

MUSEUM

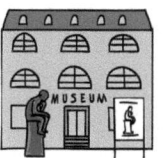

museo

museum

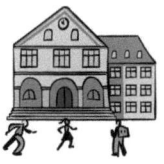

koulu

sekolahan

yliopisto

universitas

pankki

bank

sairaala

griya sakit

hotelli

hotel

apteekki

apotek

toimisto

kantor

kirjakauppa

toko buku

liike

toko

kukkakauppa

toko kembang

supermarketti

supermarket

tori

pasar

tavaratalo

toko sarwa ana

kalakauppias

toko iwak

ostoskeskus

mal

satama

pelabuhan

puisto

taman

penkki

bangku

silta

tretek

portaat

andha

metro

metro

tunneli

trowongan

linja-autopysäkki

halte bis

baari

bar

ravintola

restoran

postilaatikko

kotak surat

katukyltti

pratandha dalan

parkkimittari

meteran parkir

eläintarha

kebon kewan

uimala

kolam renang

moskeija

masjid

maatila
kebon

ympäristön saastuminen
polusi

hautausmaa
kuburan

kirkko
greja

leikkikenttä
panggon dolanan

temppeli
candi

maisema
lanskap

lehti
godong

tienviitta
plang

tie
dalan

niitty
beran

kivi
watu

retkeilijä
wong munggah

puu
uwit

joki
kali

ruoho
suket

kukka
kembang

laakso
lembah

vuori
bukit

järvi
tlogo

metsä
alas

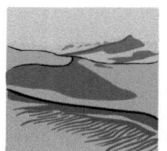

aavikko
ara-ara

tulivuori
gunung geni

linna
keraton

sateenkaari
kluwung

sieni
jamur

palmu
uwit palem

hyttynen
lemut

kärpänen
laler

muurahainen
semut

mehiläinen
tawon

hämähäkki
angga-angga

kovakuoriainen

kumbang

sammakko

kodok

orava

bajing

siili

landhak

jänis

truwelu

pöllö

manuk dares

lintu

manut

joutsen

banyak

villisika

celeng

peura

kidang

hirvi

menjangan

pato

bendungan

tuulimylly

turbin angin

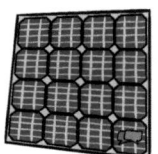

aurinkopaneeli

panel srengenge

ilmasto

iklim

ravintola
restoran

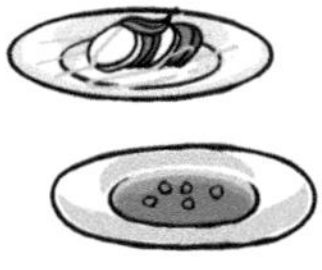

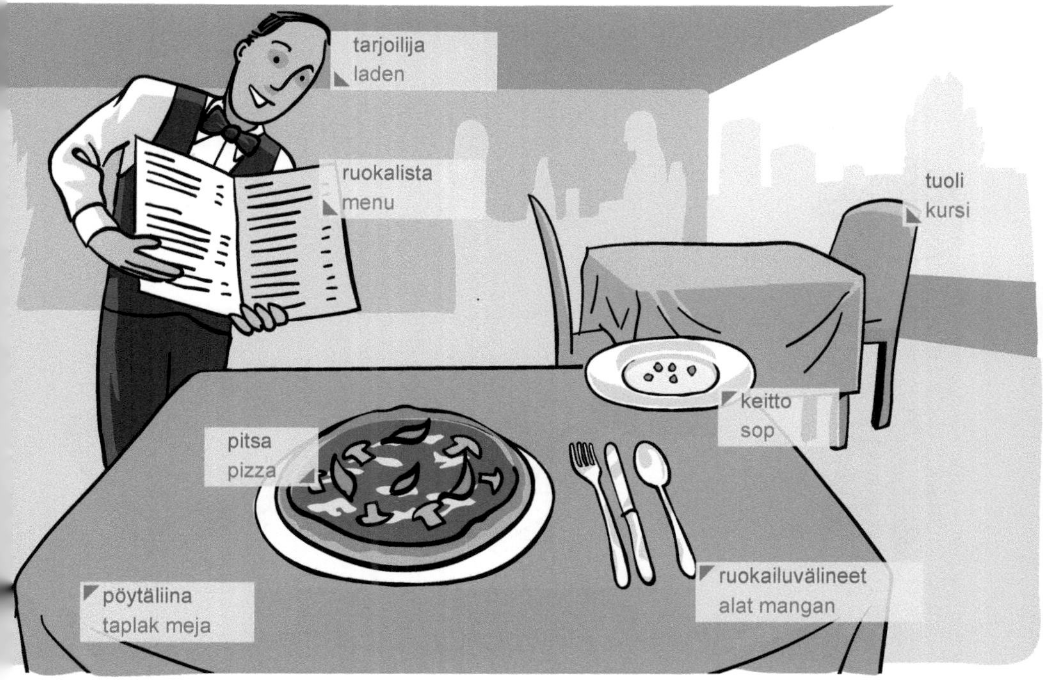
tarjoilija
laden
ruokalista
menu
tuoli
kursi
keitto
sop
pitsa
pizza
pöytäliina
taplak meja
ruokailuvälineet
alat mangan

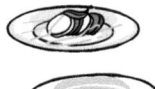

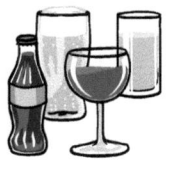

alkuruoka

hidangan pambuka

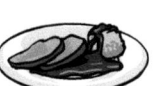

pääruoka

menu utama

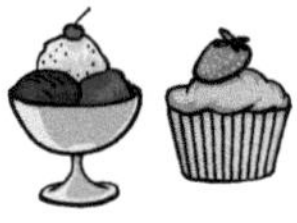

jälkiruoka

hidangan penutup

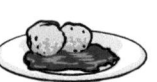

juomat

ombenan

ruoka

panganan

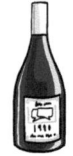

pullo

gendul

pikaruoka

panganan instan

katuruoka

jajan cemilan

teekannu

ceret teh

sokeriastia

kaleng gula

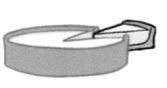

annos

porsi

espressokeitin

mesin espresso

syöttötuoli

kursi duwur

lasku

tagihan

tarjotin

baki

veitsi

lading

haarukka

sendok garpu

lusikka

sendok

teelusikka

sendok teh

servietti

serbet

lasi

gelas

lautanen

piring

syvä lautanen

piring sop

aluslautanen

lepek

kastike

duduh

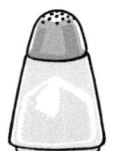

suolasirotin

gendul uyah

pippurimylly

bubuk mrico

etikka

cuka

öljy

lenga

mausteet

bumbon

ketsuppi

saos tomat

sinappi

mustar

majoneesi

mayones

supermarketti
supermarket

tarjous
tawaran khusus
FOR
asiakas
langganan
maitotuotteet
produk saka susu
hedelmät
woh-wohan
ostoskärryt
troli

BUTCHERS

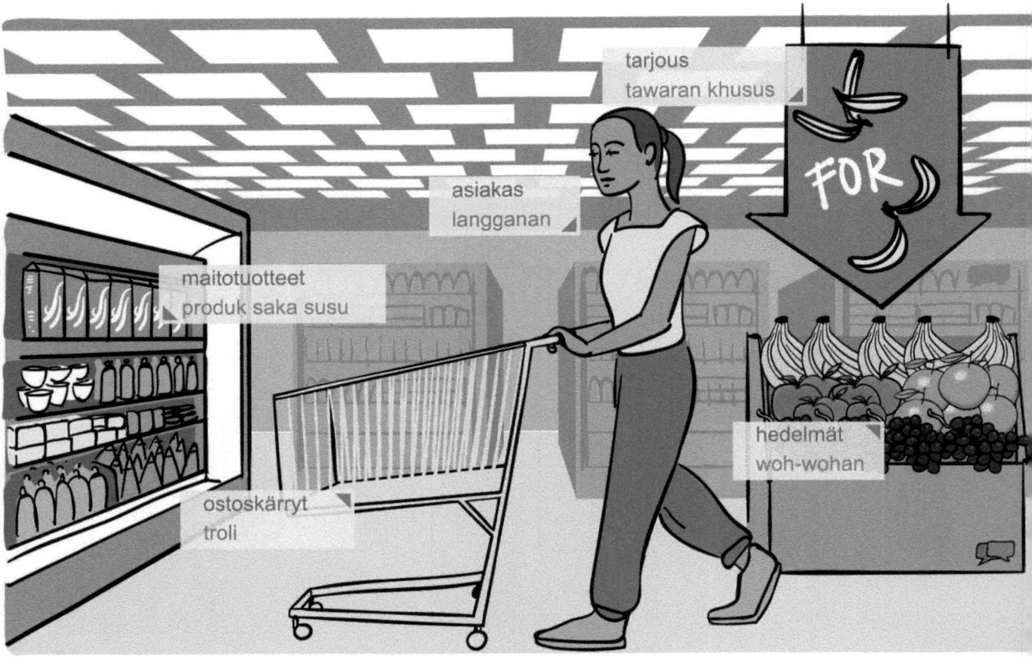

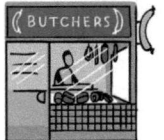

teurastamo

toko daging

BAKERY

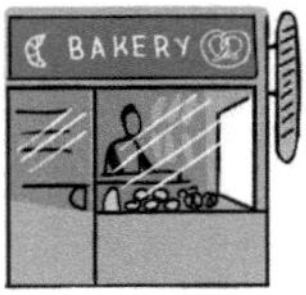

leipomo

toko roti

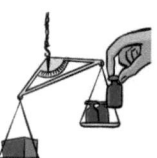

punnita

nimbang

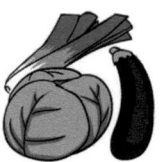

kasvikset

janganan

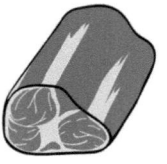

liha

daging panggang

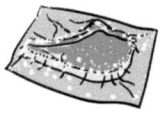

pakasteet

panganan beku

leikkele

irisan daging

säilykkeet

panganan kaleng

pesujauhe

deterjen

makeiset

permen

kotitaloustarvikkeet

produk reresik omah

puhdistusaineet

produk reresik

myyjä

bakul

kassa

mesin kasir

kassanhoitaja

kasir

ostoslista

daftar blanja

aukioloajat

jam buka

lompakko

dompet

luottokortti

kertu kredit

kassi

tas

muovipussi

tas kresek

vesi
banyu

mehu
jus

maito
susu

kokis
ombenan kanthi karbon

viini
anggur

olut
bir

alkoholi
alkohol

kaakao
coklat

tee
teh

kahvi
kopi

espresso
espresso

cappuccino
cappuccino

banaani

gedhang

omena

apel

appelsiini

jeruk

meloni

semangka

sitruuna

jeruk lemon

porkkana

wortel

valkosipuli

bawang

bambu

pring

sipuli

bawang

sieni

jamur

pähkinät

kacang

spagetti

bakmi

spagetti

spageti

riisi

sego

salaatti

salad

ranskalaiset

kentang goreng

paistetut perunat

kentang goreng

pitsa

pizza

hampurilainen

hamburger

voileipä

roti isi

leike

daging irisan

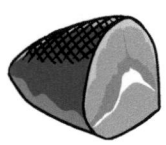

kinkku

daging ham

salami

salami

makkara

sosis

kana

pitik

paisti

daging panggang

kala

iwak

kaurahiutaleet

bubur gandum

mysli

muesli

murot

sereal jagung

jauho

glepung

voisarvi

croissant

sämpylä

roti

leipä

roti

paahtoleipä

roti panggang

keksit

biskuit

voi

mertega

rahka

dadih

kakku

kue

kananmuna

endog

paistettu kananmuna

endog goreng

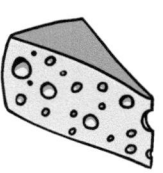

juusto

keju

jäätelö

es krim

sokeri

gula

hunaja

madu

hillo

sele

suklaapähkinälevite

krim nugat

curry

kare

maatila
kebon

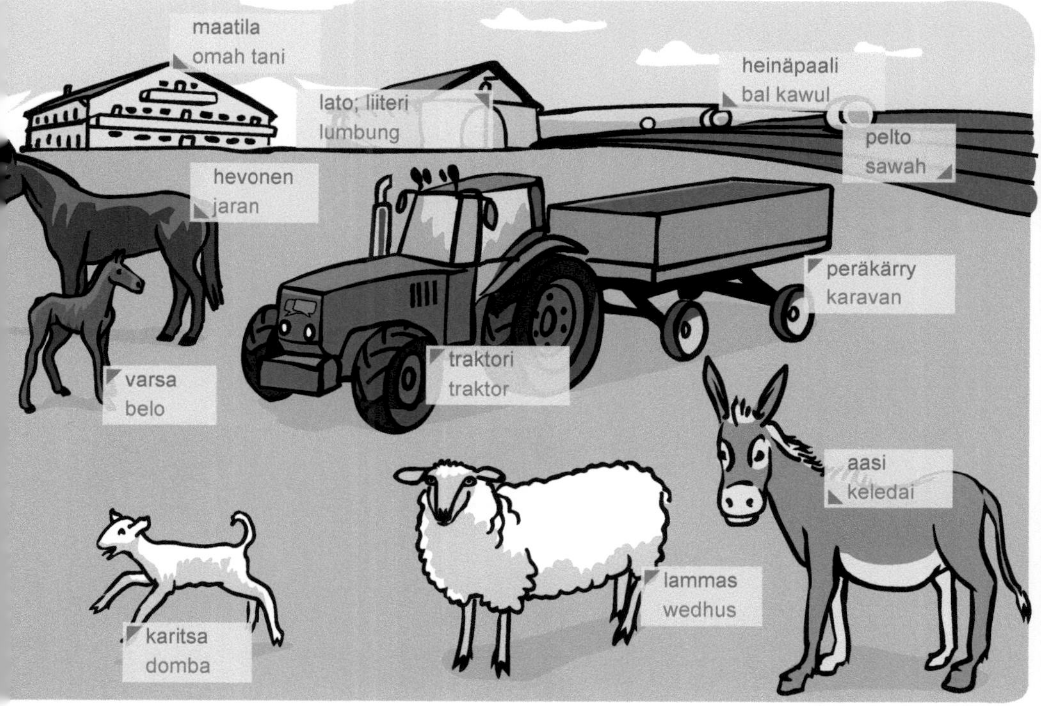

maatila
omah tani
lato; liiteri
lumbung
heinäpaali
bal kawul
pelto
sawah
hevonen
jaran
peräkärry
karavan
varsa
belo
traktori
traktor
aasi
keledai
lammas
wedhus
karitsa
domba

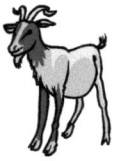

vuohi

wedhus

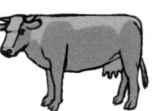

lehmä

sapi

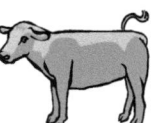

vasikka

pedhet

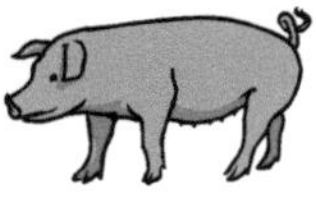

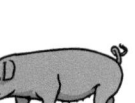

sika

babi

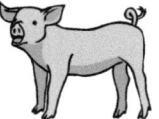

porsas

gambluk

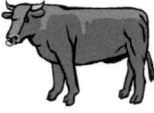

sonni

kebo

hanhi

banyak

ankka

bebek

tipu

kuthuk

kana

babon

kukko

jago

rotta

tikus

kissa

kucing

hiiri

tikus

härkä

sapi

koira

asu

koirankoppi

kandang asu

puutarhaletku

selang

kastelukannu

gembor

viikate

arit gede

aura

waluku

sirppi

arit gede

kuokka

pacul

talikko

garu

kirves

kapak

kottikärryt

grobak surung

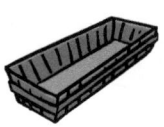

kaukalo

wadah pakan

maitokannu

kaleng susu

säkki

karung

aita

pager

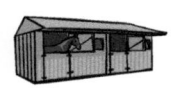

talli

kandang

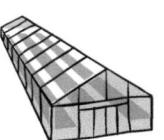

kasvihuone

omah kaca

maa

lemah

siemen

wiji

lannoite

rabuk

leikkuupuimuri

traktor panen

kerätä sato

manen

sato

panen

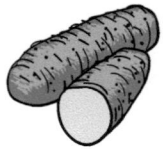

jamssit

ubi

vehnä

gandum

soija

kedelai

peruna

kentang

maissi

jagung

rypsi

lobak

hedelmäpuu

wit woh-wohan

maniokki

telo

vilja

sereal

talo

omah

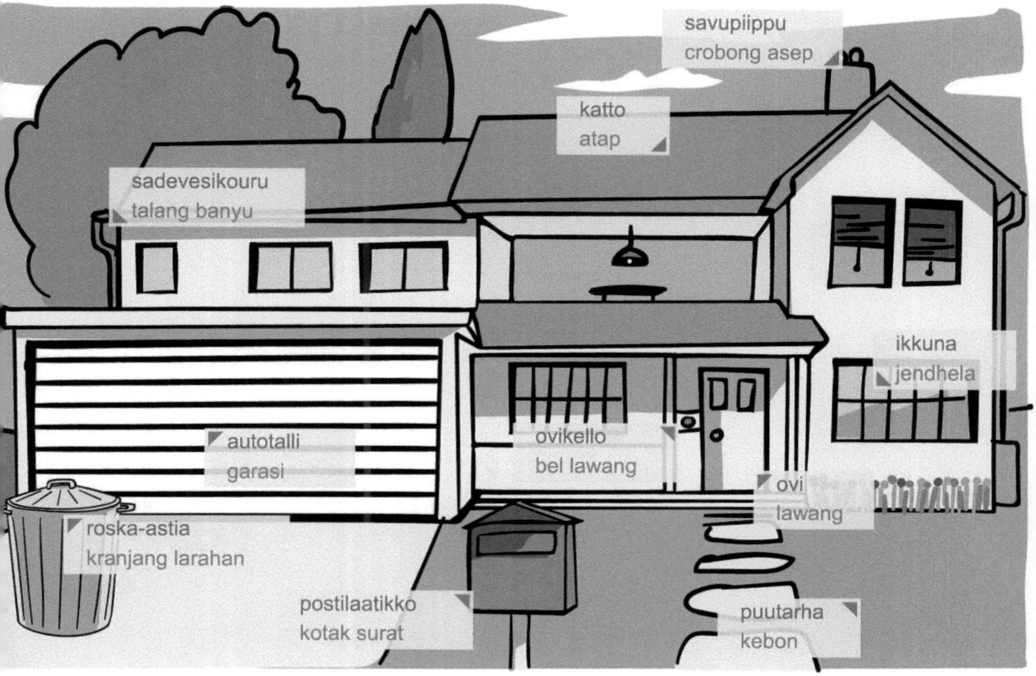

savupiippu
crobong asep
katto
atap
sadevesikouru
talang banyu
ikkuna
jendhela
autotalli
garasi
ovikello
bel lawang
ovi
lawang
roska-astia
kranjang larahan
postilaatikko
kotak surat
puutarha
kebon

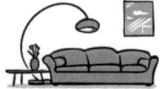

olohuone

ruang tamu

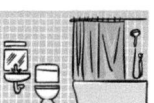

kylpyhuone

jedhing

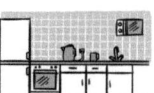

keittiö

pawon

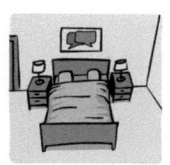

makuuhuone

kamar turu

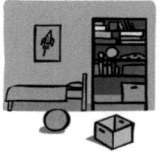

lastenhuone

kamar anak

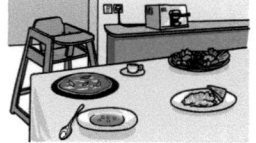

ruokahuone

kamar panedhaan

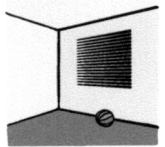

lattia
jobin

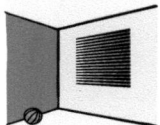

seinä
tembok

katto
pyan

kellari
gudhang ing njero lemah

sauna
sauna

parveke
balkon

terassi
teras

uima-allas
blumbang kanggo nglangi

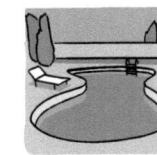

ruohonleikkuri
mesin kanggo motong suket

lakana
lembaran

päiväpeitto
sprei

sänky
dipan

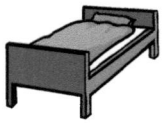

harja
sapu

ämpäri
ember

katkaisin
tombol

olohuone
ruang tamu

tapetti
kertas tembok
kuva
gambar
lamppu
lampu
hylly
rak
kaappi
lemari
televisio
TV
takka
perapian
kukka
kembang
tyyny
bantal
sohva
sofa
maljakko
vas
kaukosäädin
remot kontrol

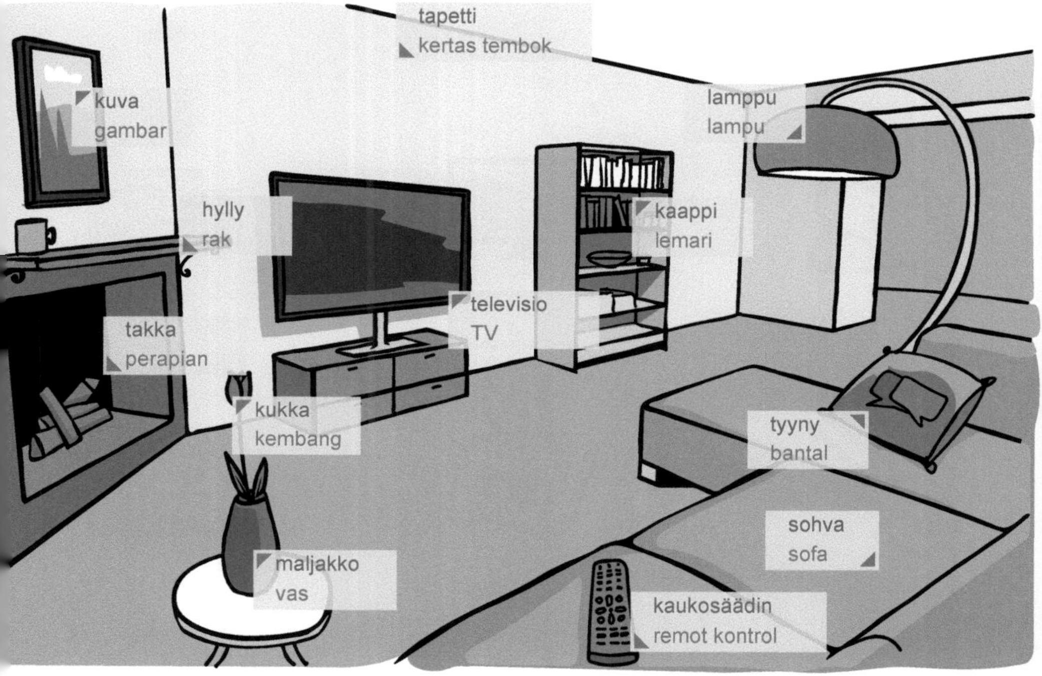

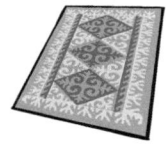

matto

karpet

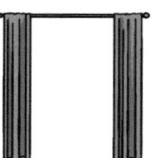

verho

korden

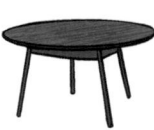

pöytä

meja

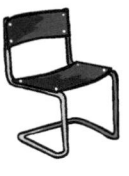

tuoli

kursi

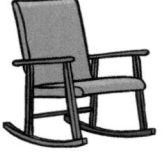

keinutuoli

kursi goyang

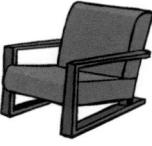

nojatuoli

kursi tangan

kirja
buku

peitto
selimut

koriste
dekorasi

polttopuut
kayu bakar

elokuva
film

stereot
hi-fi

avain
kunci

sanomalehti
koran

maalaus
lukisan

juliste
poster

radio
radio

muistivihko
buku catetan

pölynimuri
penyedot lebut

kaktus
kaktus

kynttilä
lilin

olohuone - ruang tamu

keittiö

pawon

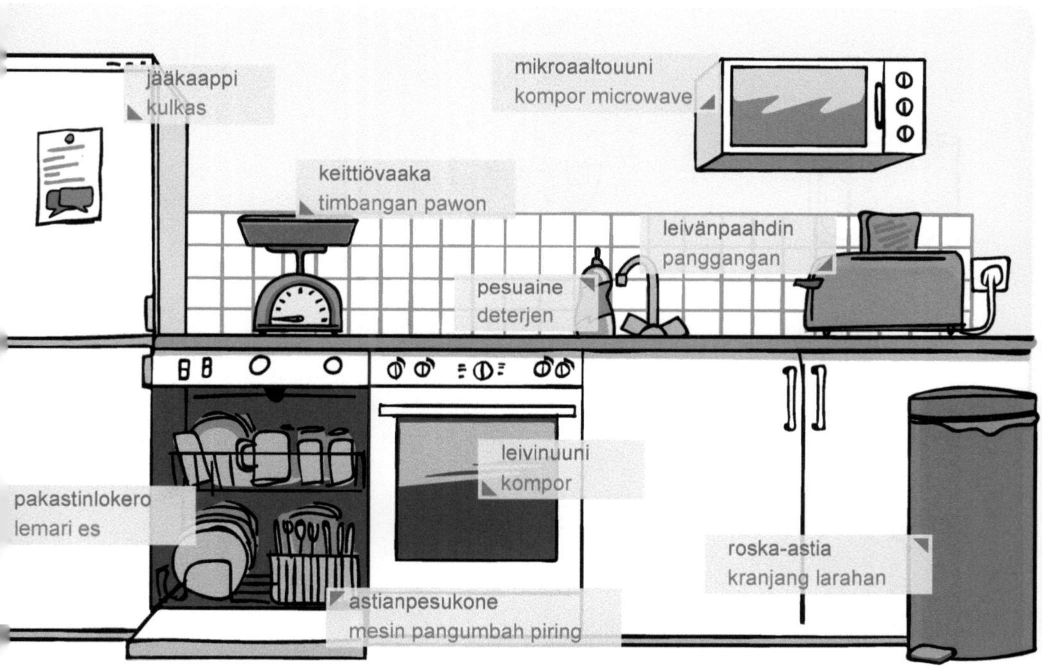

jääkaappi
kulkas
mikroaaltouuni
kompor microwave
keittiövaaka
timbangan pawon
leivänpaahdin
panggangan
pesuaine
deterjen
leivinuuni
kompor
pakastinlokero
lemari es
roska-astia
kranjang larahan
astianpesukone
mesin pangumbah piring

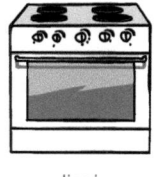

liesi

kompor

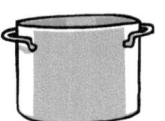

kattila

panci

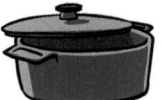

rautapata

panci wesi

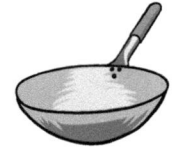

kkipannu / kadai-pannu

wajan

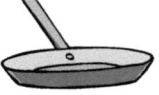

paistinpannu

wajan

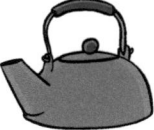

teepannu

ceret

höyrykeitin

kukusan

uunipelti

loyang

astiat

pecah belah

muki

mug

kulho

mangkok

syömäpuikot

sumpit

kauha

irus

paistinlasta

solet

vispilä

udeg

siivilä

ayakan

siivilä

saringan

raastin

parutan

mortteli

lumpang

grilli

panggangan

avotuli

geni

leikkuulauta
telenan

kaulin
gilingan adonan

korkinavaaja
kotrek

purkki
kaleng

purkinavaaja
bukaan kaleng

pannulappu
cempal

lavuaari
wastafel

tiskiharja
sikat

pesusieni
sepon

tehosekoitin
blender

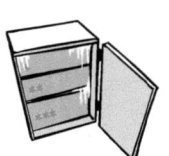

pakastin
kulkas

tuttipullo
gendul bayi

vesihana
kran

kylpyhuone

jedhing

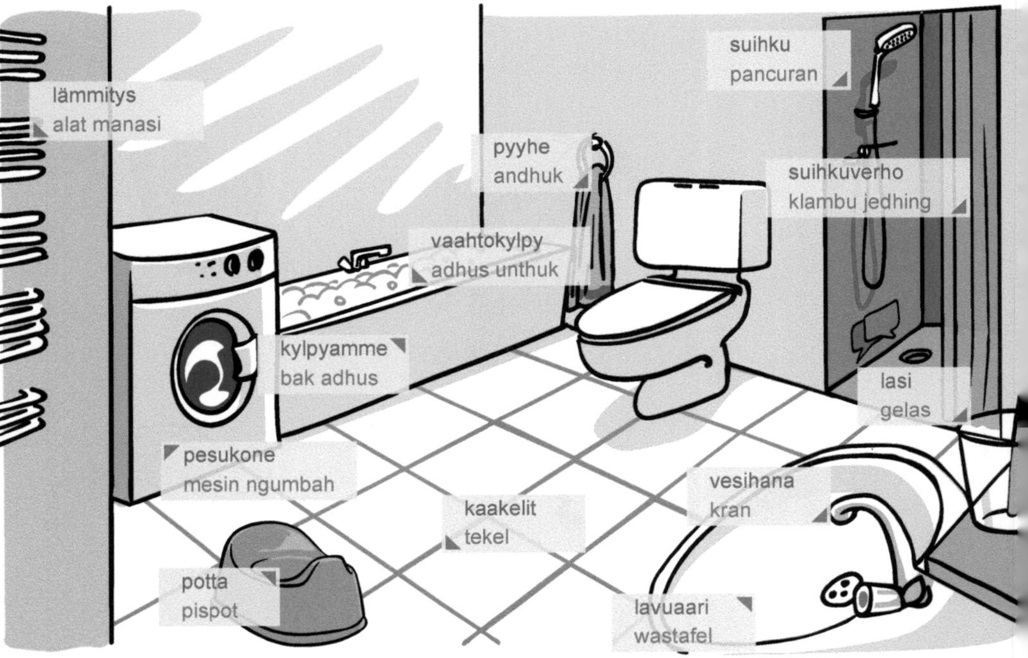

suihku
pancuran
lämmitys
alat manasi
pyyhe
andhuk
suihkuverho
klambu jedhing
vaahtokylpy
adhus unthuk
kylpyamme
bak adhus
lasi
gelas
pesukone
mesin ngumbah
vesihana
kran
kaakelit
tekel
potta
pispot
lavuaari
wastafel

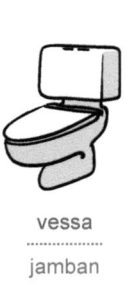

vessa

jamban

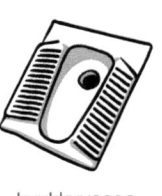

kyykkyvessa

jamban dhodhok

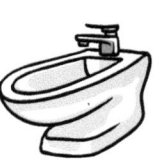

bidee

bidet

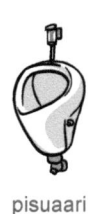

pisuaari

pissoir

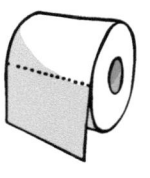

vessapaperi

tisu jamban

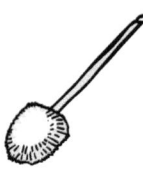

vessaharja

sikat jamban

hammasharja

sikat untu

hammastahna

odol

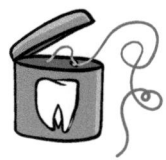

hammaslanka

bolah untu

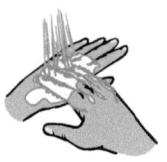

pestä

ngumbahi

käsisuihku

gagang shower

intiimisuihku

pancuran

pesuvati

baskom

selkäharja

sikat geger

saippua

sabun

suihkugeeli

gel pancuran

shampoo

sampo

pesulappu

hem

viemäri

nguras

voide

krim

deodorantti

deodoran

peili

pangilon

käsipeili

koco tangan

partaveitsi

silet

partavaahto

umpluk cukur

partavesi

aftershave

kampa

jungkat

harja

sikat untu

hiustenkuivaaja

hairdryer

hiuslakka

hairspray

meikki

dandanan

huulipuna

gincu

kynsilakka

kuteks

pumpuli

kapas

kynsisakset

gunting kuku

hajuvesi

parfum

kosmetiikkalaukku

kantong adhus

jakkara

dingklik

vaaka

timbangan

kylpytakki

ah kanggo sawise adhus

kumihansikkaat

sarung karet

tamponi

tampon

terveysside

pembalut

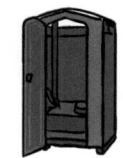

kemiallinen wc

jamban nganggo bahan kimia

lastenhuone

kamar anak

herätyskello
alarm jam
pehmolelu
dolanan empuk
leikkiauto
mobil-mobilan
helistin
kumretek
nukkekoti
omah boneka
lahja
hadiah

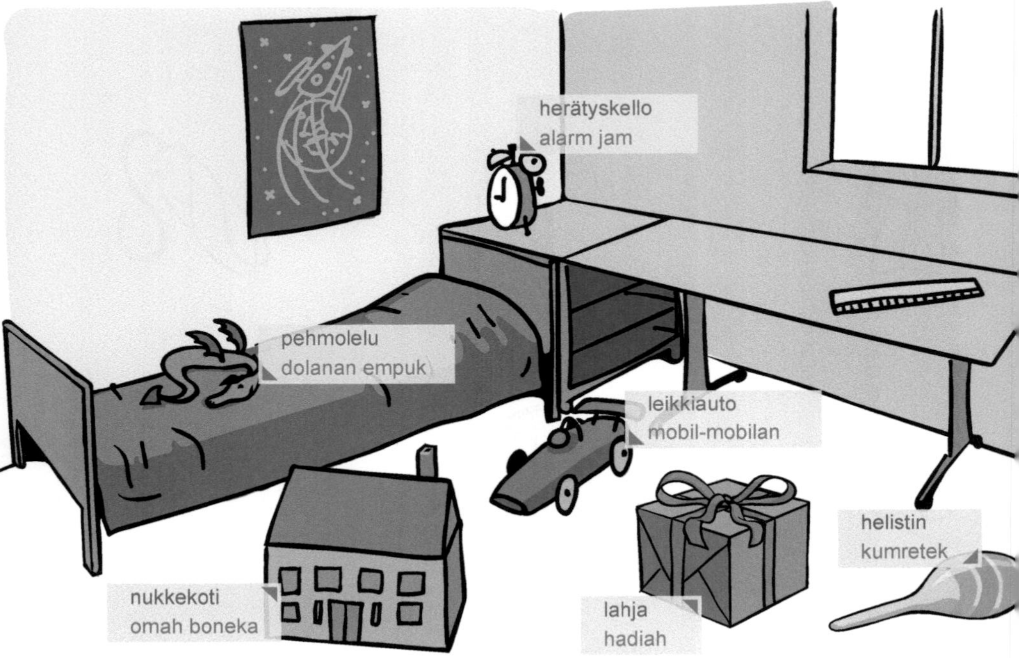

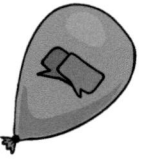

ilmapallo

balon

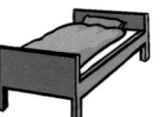

sänky

dipan

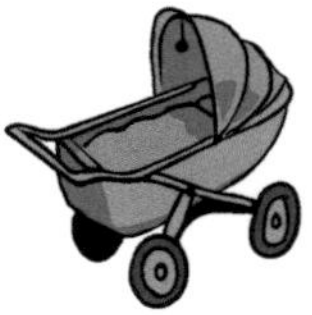

lastenvaunut

kreto bayi

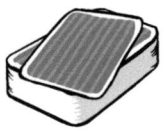

korttipeli

meja kertu

palapeli

teka-teki

SUPER
MEGA

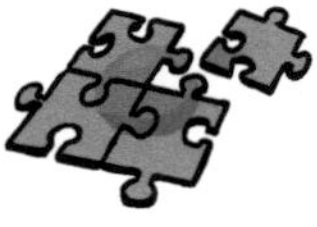

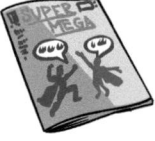

sarjakuva

komik

legopalikat

bata lego

rakennuspalikat

balok dolanan

supersankari

boneka aksi

potkupuku

klambi bayi

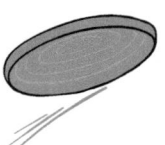

frisbee

frisbee

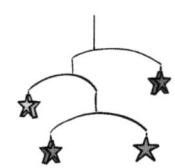

mobile

dolanan gantungan

lautapeli

dolanan meja

noppa

dadu

pienoisjunarata

sepur dolanan

tutti

dot

juhlat

pesta

kuvakirja

buku gambar

pallo

bal

nukke

boneka

leikkiä

dolanan

hiekkalaatikko

panggon dolanan pasir

keinu

ayunan

lelut

dolanan

pelikonsoli

konsol video game

kolmipyörä

sepeda roda telu

nalle

beruang teddy

vaatekaappi

lemari sandhangan

vaatteet
klambi

sukat

kaos kaki

nylonsukat

stoking

sukkahousut

kathok singset

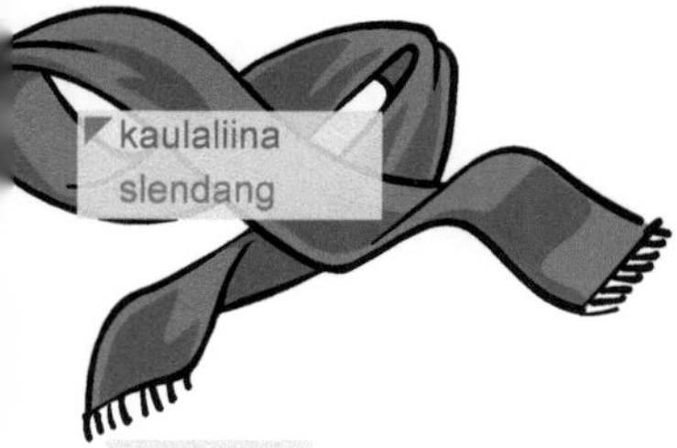

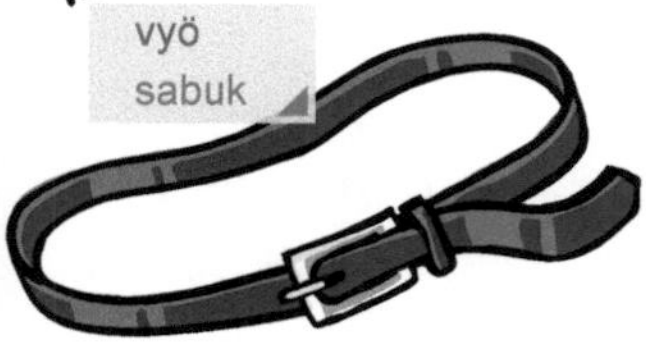

kaulaliina
slendang

sateenvarjo
payung

vyö
sabuk

t-paita
kaos oblong

lenkkarit
sepatu kets

saappaat
sepatu bot

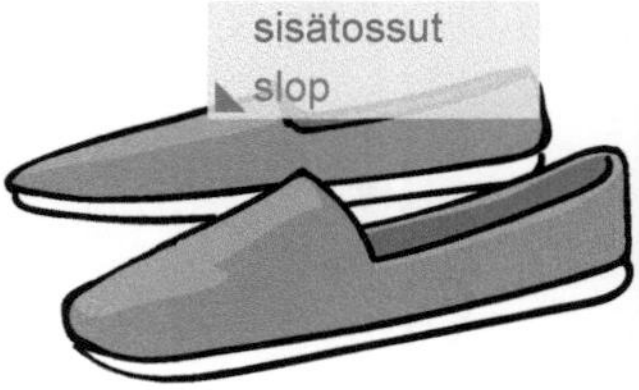

sisätossut
slop

sandaalit
sandal

kengät
sepatu

kumisaappaat
sepatu bot karet

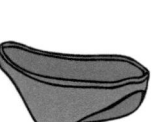

alushousut
sempak

rintaliivit
kutang

aluspaita
rompi

vaatteet - klambi

45

body
awak

housut
kathok

farkut
kathok jins

hame
rok

pusero
blus

paita
klambi

villapaita
jaket nganggo kudung

collegepaita
sweter

jakku
blezer

takki
jaket

takki
mantel

sadetakki
jas udan

puku
kostum

mekko
gaun

hääpuku
gaun manten

puku

setelan

yöpaita

klambi kanggo turu

pyjama

piyama

shari

kain sari

päähuivi

kudung

turbaani

serban

burka

cadar

kaftaani

kaftan

abaya

abaya

uimapuku

klambi kanggo nglangi

uimahousut

kathok renang

shortsit

kathok cekak

verkkarit

klambi trening

esiliina

celemek

käsineet

sarung tangan

nappi
benik

silmälasit
kacamata

rannekoru
gelang

kaulakoru
kalung

sormus
ali-ali

korvakoru
anting-anting

lippalakki
peci

ripustin
gantungan mantel

hattu
topi

solmio
dasi

vetoketju
slerekan

kypärä
helem

henkselit
bretel

koulupuku
sragam sekolah

univormu
sragam

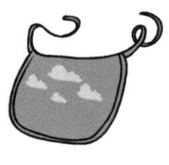

ruokalappu

oto

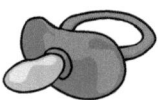

tutti

dot

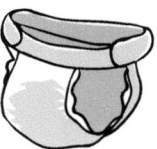

vaippa

popok

toimisto

kantor

palvelin
server
asiakirjakaappi
lemari arsip
tulostin
printer
paperi
dluwang
näyttö
monitor
hiiri
mouse
kirjoituspöytä
meja
kansio
folder
näppäimistö
papan tombol
roskakori
kranjang larahan
tietokone
komputer
tuoli
kursi

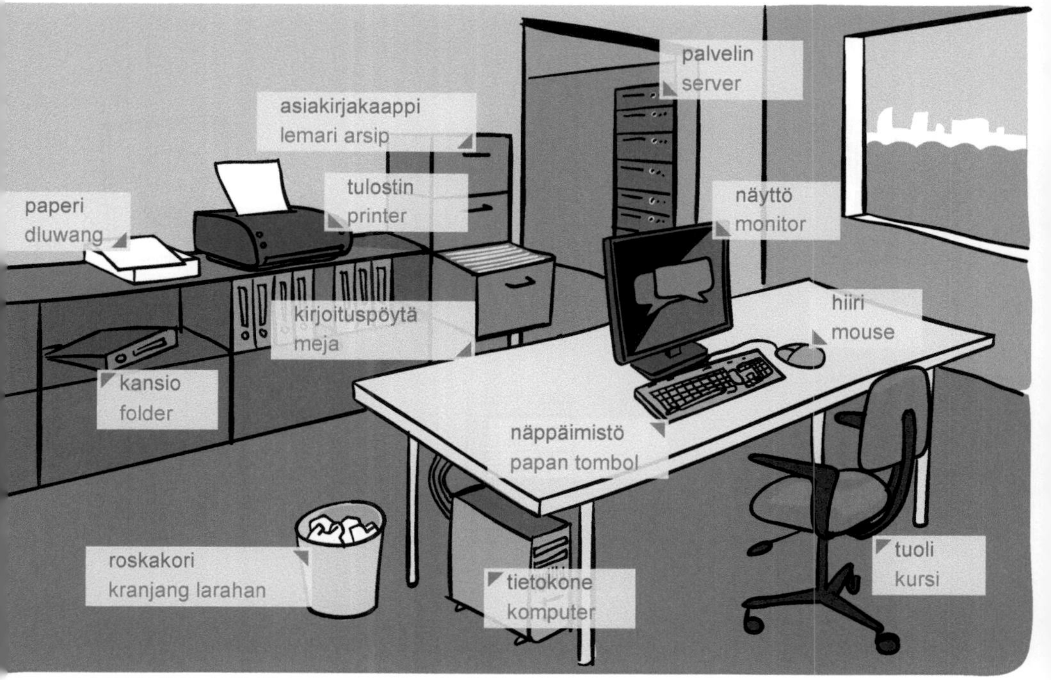

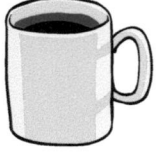

kahvimuki

cangkir kopi

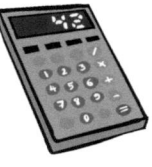

taskulaskin

kalkulator

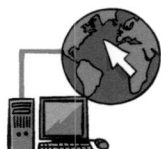

internet

internet

kannettava tietokone

laptop

kirje

surat

viesti

pesen

kännykkä

HP

verkko

jaringan

kopiokone

mesin fotokopi

ohjelmisto

software

puhelin

telpon

pistorasia

colokan

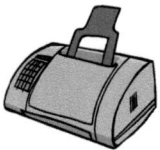

faksi

mesin faksimili

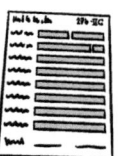

lomake

blangko

asiakirja

dokumen

ostaa

tuku

maksaa

mbayar

vaihtaa

bebakulan

raha

duit

 **USD**

dollari

dolar

 **EUR**

euro

euro

JPY

jeni

yen

RUB

rupla

rubel

CHF

frangi

franc Swiss

CNY

renminbi juan

yuan renminbi

INR

rupia

rupe

pankkiautomaatti

cash point

rahanvaihto

kantor pertukaran duit
mancanegara

kulta

emas

hopea

perak

öljy

minyak

energia

energi

hinta

rego

sopimus

kontrak

vero

pajek

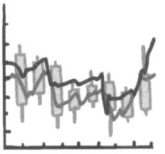

osake

saham

työskennellä

kerjo

työntekijä

pegawe

työnantaja

juragan

tehdas

pabrik

liike

toko

talous - ekonomi

poliisi
perwira polisi

palomies
petugas kobongan

kokki
tukang masak

lääkäri
dokter

lentäjä
pilot

puutarhuri

tukang kebon

puuseppä

tukang kayu

ompelija

tukang jahit

tuomari

hakim

kemisti

ahli kimia

näyttelijä

aktor

linja-autonkuljettaja

sopir bis

taksinkuljettaja

sopir taksi

kalastaja

nelayan

siivooja

tukang reresik

katontekijä

tukang pasang gendheng

tarjoilija

laden

metsästäjä

pamburu

maalari

pelukis

leipuri

tukang roti

sähköasentaja

tukang listrik

rakentaja

tukang mbangun

insinööri

insinyur

teurastaja

jagal

putkiasentaja

tukang ledeng

postinjakaja

tukang pos

sotilas

tentara

arkkitehti

arsitek

kassanhoitaja

kasir

floristi

bakul kembang

kampaaja

juru rambut

konduktööri

kondektur

mekaanikko

mekanik

kapteeni

kapten

hammaslääkäri

dokter untu

tiedemies

ilmuwan

rabbi

rabbi

imaami

imam

munkki

biksu

pappi

pandhita

työkalut

alat

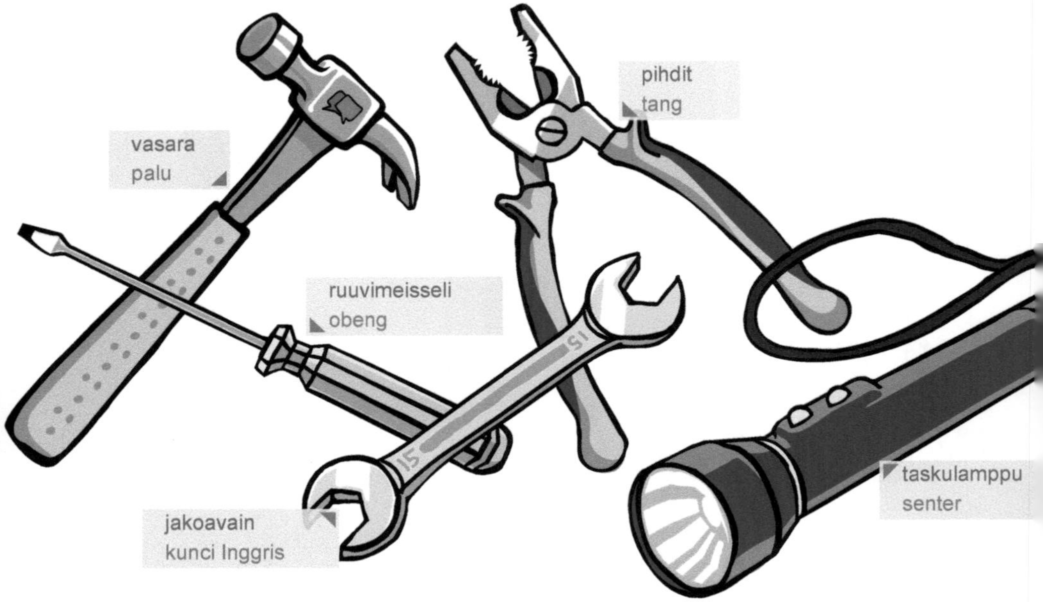

vasara
palu
pihdit
tang
ruuvimeisseli
obeng
jakoavain
kunci Inggris
taskulamppu
senter

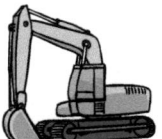

kaivinkone
mesin kerukan

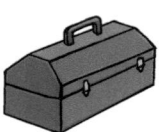

työkalupakki
wadah perkakas

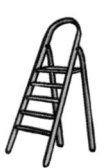

tikkaat
andha

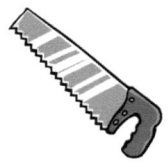

saha
graji

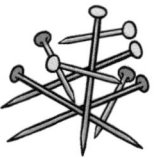

naulat
paku

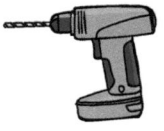

pora
bur

korjata

ndandani

lapio

sekop

Hitto!

Bajigur!

rikkalapio

serok

maalipurkki

kaleng cat

ruuvit

sekrup

soittimet

alat musik

kaiuttimet
speker

rummut
sak set tambur

kitara
gitar

kontrabasso
bass dobel

trumpetti
trompet

piano

piano

viulu

biola

basso

bass

patarummut

timpani

rumpu

tambur

kosketinsoitin

keyboard

saksofoni

saksofon

huilu

suling

mikrofoni

mikropon

eläintarha
kebon kewan

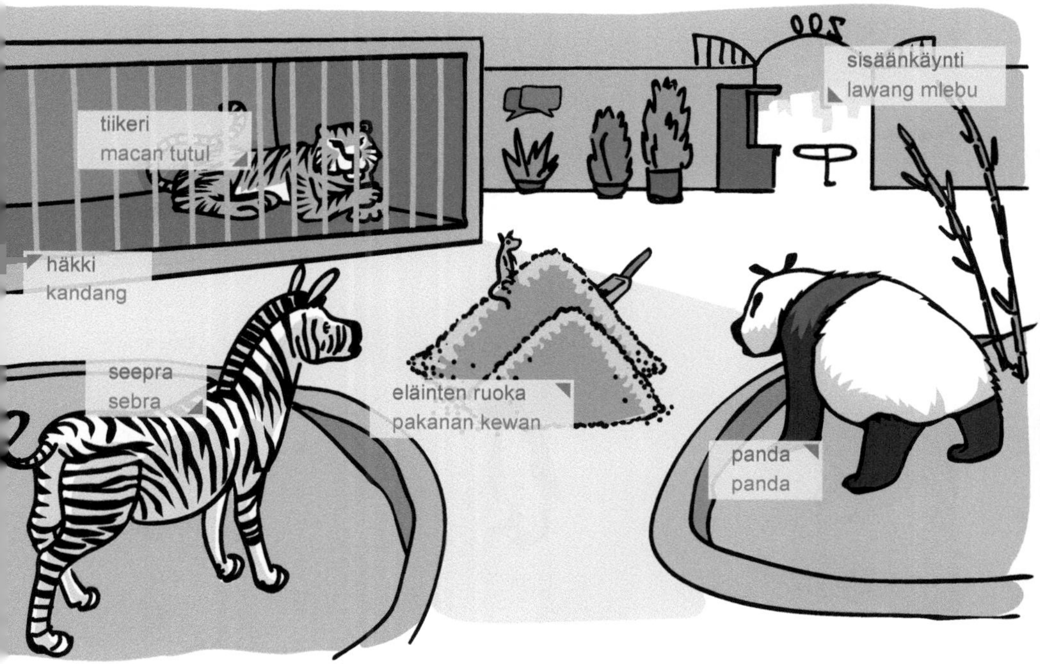

tiikeri
macan tutul
sisäänkäynti
lawang mlebu
häkki
kandang
seepra
sebra
eläinten ruoka
pakanan kewan
panda
panda

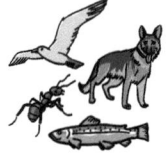

eläimet

kewan

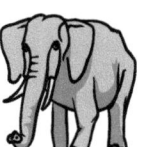

norsu

gajah

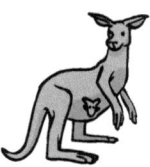

kenguru

kanguru

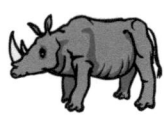

sarvikuono

badak

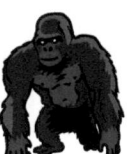

gorilla

gorila

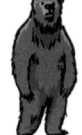

karhu

beruang

kameli

unta

strutsi

manuk unta

leijona

singa

apina

kethek

flamingo

flamingo

papukaija

bethet

jääkarhu

beruang kutub

pingviini

pinguin

hai

hiu

riikinkukko

merak

käärme

ula

krokotiili

baya

eläintarhanhoitaja

juru kunci kebon kewan

hylje

singa segara

jaguaari

jaguar

poni

jaran poni

leopardi

macan tutul

virtahepo

kuda nil

kirahvi

jrapah

kotka

garudha

villisika

celeng

kala

iwak

kilpikonna

bulus

mursu

walrus

kettu

rubah

gaselli

kidang

amerikkalainen jalkapallo
bal-balan Amerika

pyöräily
sepedahan

tennis
tenis

koripallo
basket

uinti
nglangi

nyrkkeily
tinju

jääkiekko
hoki es

jalkapallo
bal-balan

sulkapallo
badminton

yleisurheilu
atletik

käsipallo
bal tangan

hiihto
ski

poolo
polo

aktiviteetit
kegiatan

hypätä
mencolot
halata
ngrangkul
nauraa
ngguyu
kävellä
mlaku
laulaa
nembang
unelmoida
ngimpi
rukoilla
ndonga
suudella
ngambung

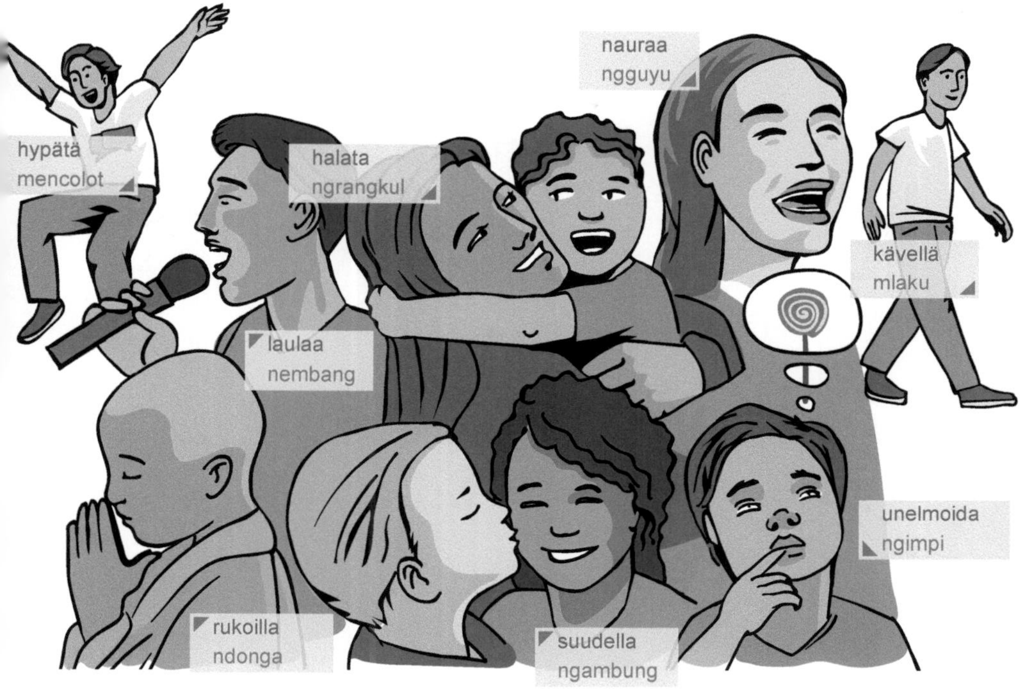

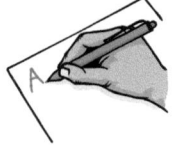

kirjoittaa

nulis

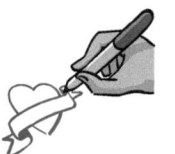

piirtää

nggambar

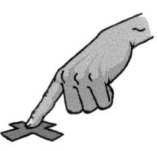

näyttää

nuduhake

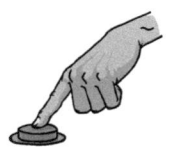

painaa

mencet

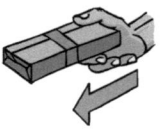

antaa

menehi

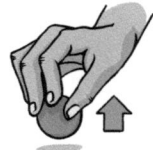

ottaa

njupuk

omistaa

duweni

tehdä

nindakake

olla

yaiku

seisoa

ngadek

juosta

mlayu

vetää

narik

heittää

nguncalake

kaatua

tiba

maata

ngapusi

odottaa

ngenteni

kantaa

nggawa

istua

lungguh

pukeutua

klamben

nukkua

turu

herätä

tangi

katsoa

ndheleng

itkeä

nangis

silittää

ngelus

kammata

njungkati

puhua

ngomong

ymmärtää

mangerteni

kysyä

takon

kuunnella

ngrungoake

juoda

ngombe

syödä

mangan

siivota

ngrapiake

rakastaa

nrisnani

keittää

masak

ajaa

nyopir

lentää

mabur

purjehtia

nglayar

laskea

itung

lukea

maca

oppia

sinau

työskennellä

kerjo

mennä naimisiin

ngrabi

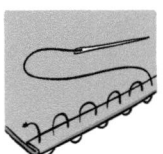

ommella

njahit

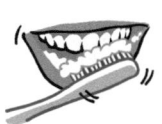

pestä hampaat

nyikat untu

tappaa

mateni

tupakoida

ngrokok

lähettää

ngirim

perhe
keluarga

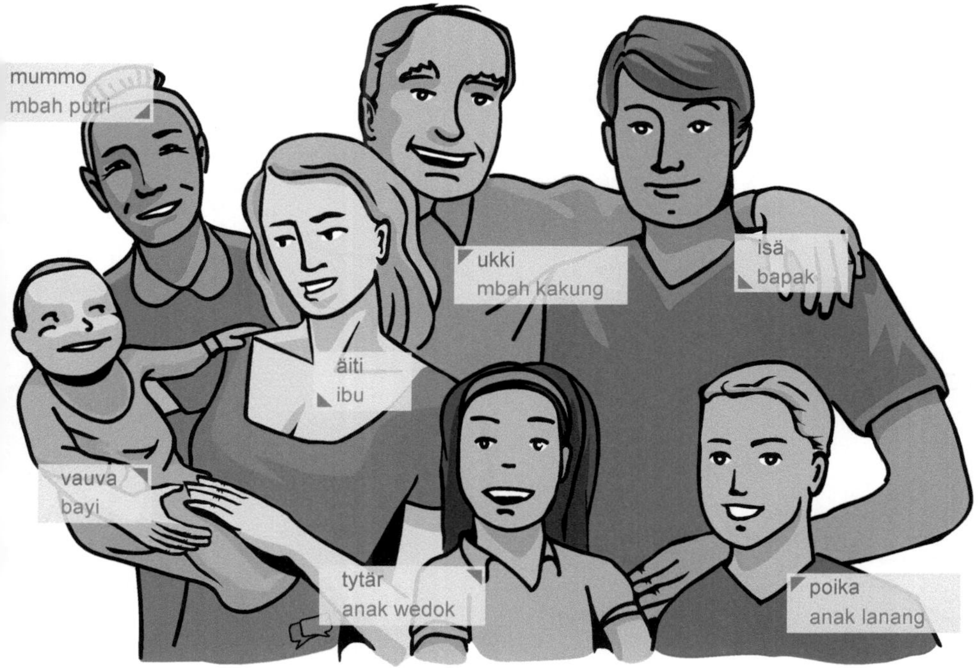
mummo
mbah putri
ukki
mbah kakung
isä
bapak
äiti
ibu
vauva
bayi
tytär
anak wedok
poika
anak lanang

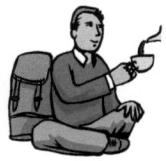

vieras
....
tamu

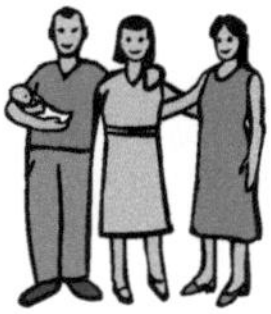

täti
....
bu lik

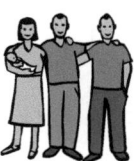

setä
....
pak lik

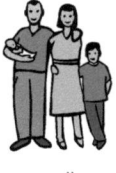

veli
....
dulur lanang

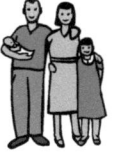

sisko
....
dulur wadon

vartalo
awak

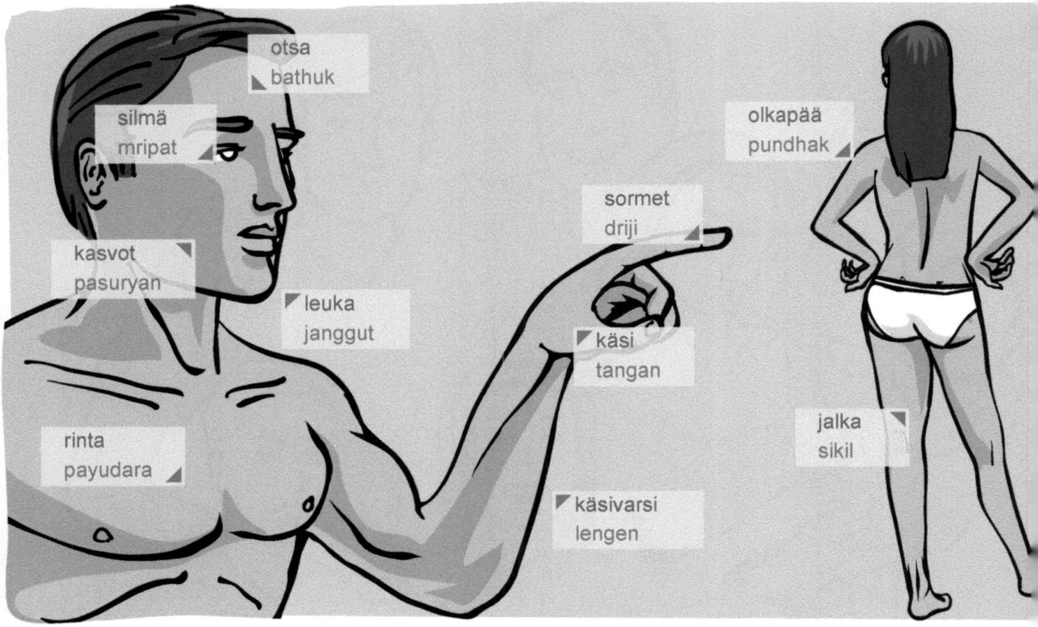

otsa
bathuk

silmä
mripat

olkapää
pundhak

sormet
driji

kasvot
pasuryan

leuka
janggut

käsi
tangan

rinta
payudara

jalka
sikil

käsivarsi
lengen

vauva
bayi

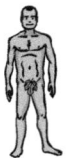

mies
lanang

nainen
wadon

tyttö
bocah wadon

poika
bocah lanang

pää
sirah

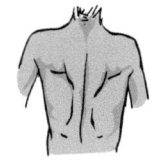

selkä
geger

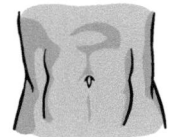

maha
weteng

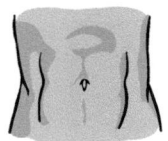

napa
puser

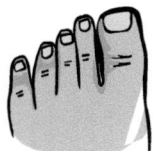

varvas
driji sikil

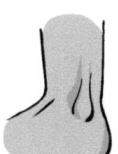

kantapää
tungkak

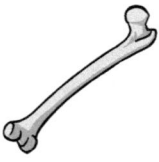

luu
balung

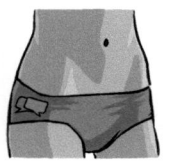

lantio
panggul

polvi
dengkul

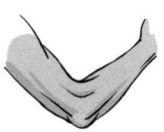

kyynärpää
sikut

nenä
irung

takapuoli
bokong

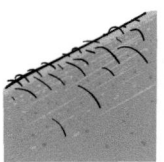

iho
kulit

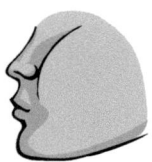

poski
pipi

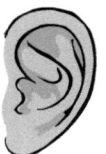

korva
kuping

huuli
lambe

suu

lisan

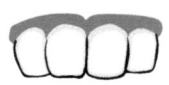

hammas

untu

kieli

ilat

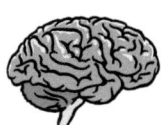

aivot

uteg

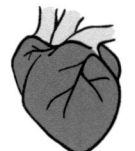

sydän

jantung

lihas

otot

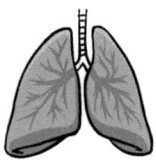

keuhkot

paru

maksa

ati

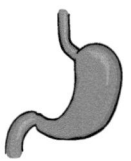

vatsa

garba

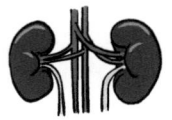

munuaiset

ginjel

seksi

sanggama

kondomi

kondom

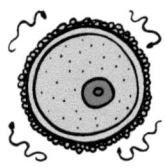

munasolu

ovum

sperma

mani

raskaus

mbobot

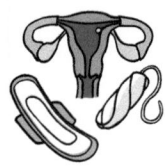

kuukautiset

haid

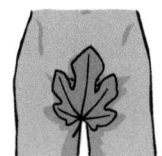

vagina

vagina

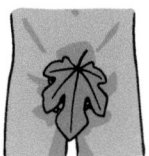

penis

zakar

kulmakarvat

alis

hiukset

rambut

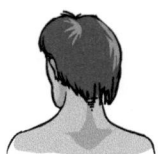

niska

gulu

sairaala

griya sakit

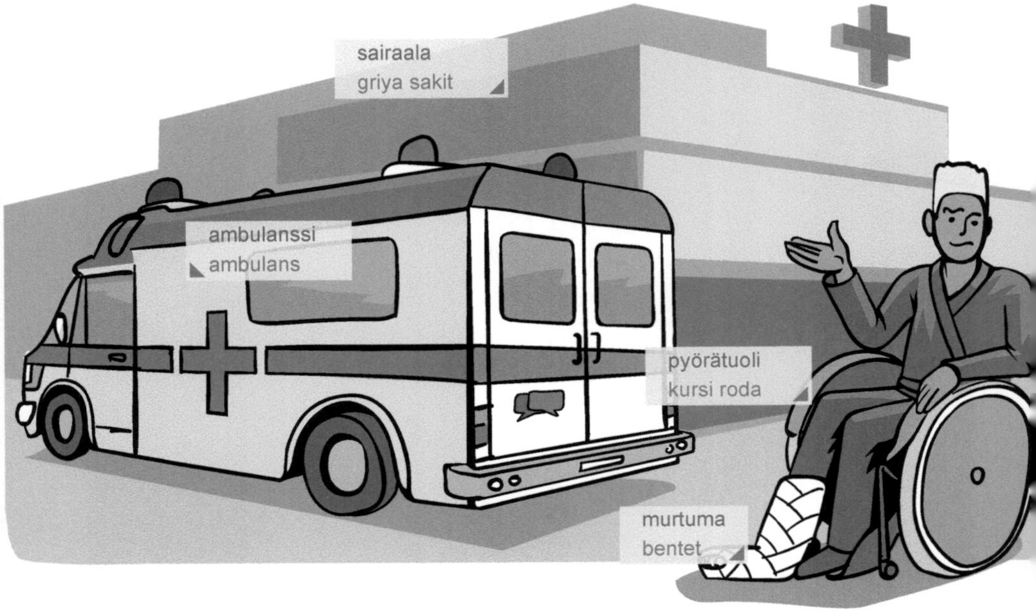

sairaala
griya sakit
ambulanssi
ambulans
pyörätuoli
kursi roda
murtuma
bentet

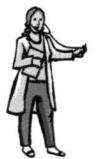

lääkäri

dokter

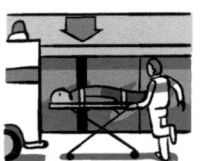

ensiapu

kamar gawat darurat

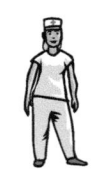

sairaanhoitaja

perawat

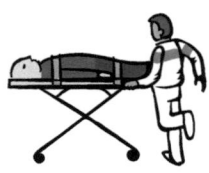

hätätilanne

dharurat

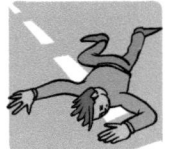

tajuton

ora sadar

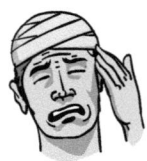

kipu

linu

vamma
tatu

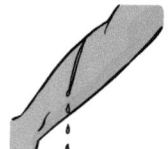

verenvuoto
getihen

sydänkohtaus
serangan jantung

aivoinfarkti
setruk

allergia
alergi

yskä
watuk

kuume
ngelu

flunssa
pilek

ripuli
diare

päänsärky
mumet

syöpä
kanker

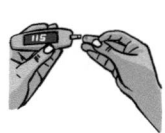

diabetes
diabetes

kirurgi
ahli bedah

veitsi
lading bedah

leikkaus
operasi

ct
CT

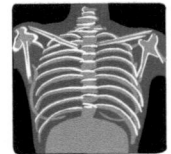

röntgen
sinar x

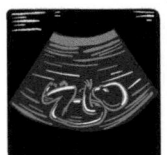

ultraääni
USG

maski
masker

sairaus
penyakit

odotushuone
kamar nunggu

sauva
pitulung

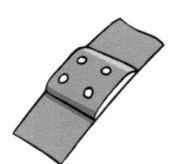

laastari
perban

side
perban

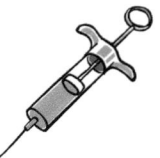

pistos
suntik

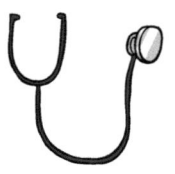

stetoskooppi
stetoskop

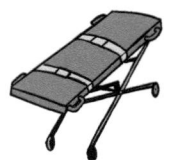

paarit
tandu

kuumemittari
termometer klinik

syntymä
lair

ylipaino
kalemon

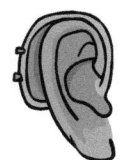

kuulolaite

alat bantu dengar

desinfiointiaine

disinfektan

infektio

infeksi

virus

virus

HIV / AIDS

HIV/AIDS

lääke

obat

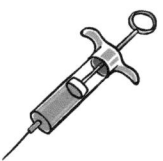

rokotus

vaksinasi

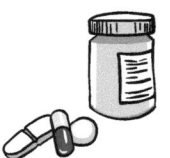

tabletit

tablet

pilleri

pil

hätäpuhelu

nomer telpon darurat

verenpainemittari

ngukur tensi getih

sairas / terve

lara / waras

Apua!

Tulung!

hälytys

alarem

ryöstö

sergap

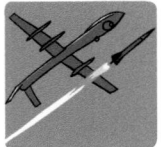

hyökkäys

serangan

vaara

bebaya

hätäuloskäynti

lawang metu dharurat

Tulipalo!

Kobongan!

palosammutin

alat mateni geni

onnettomuus

kacilakan

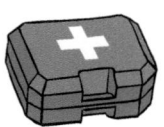

ensiapulaukku

pitulungan wiwitan

SOS

SOS

poliisilaitos

polisi

Eurooppa

Eropa

Pohjois-Amerikka

Amerika Lor

Etelä-Amerikka

Amerika Kidul

Afrikka

Afrika

Aasia

Asia

Australia

Australia

Atlantin valtameri

Atlantik

Tyynimeri

Pasifik

Intian valtameri

Samudra Hindia

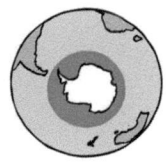

Eteläinen jäämeri

Samudra Antartika

Pohjoinen jäämeri

Samudra Arktik

pohjoisnapa

Kutub Lor

etelänapa

Kutup Kidul

Antarktis

Antarktika

maa

bumi

maa

daratan

meri

segara

saari

pulau

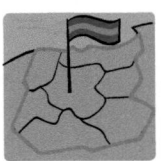

kansa

bangsa

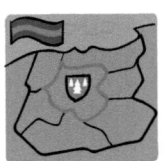

osavaltio

negara

kellotaulu

layar jam

tuntiviisari

dom jam

minuuttiviisari

dom menit

sekuntiviisari

dom detik

Paljonko kello on?

Jam piro saiki?

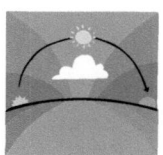

päivä

dina

aika

wektu

nyt

saiki

digitaalikello

jam digital

minuutti

menit

tunti

jam

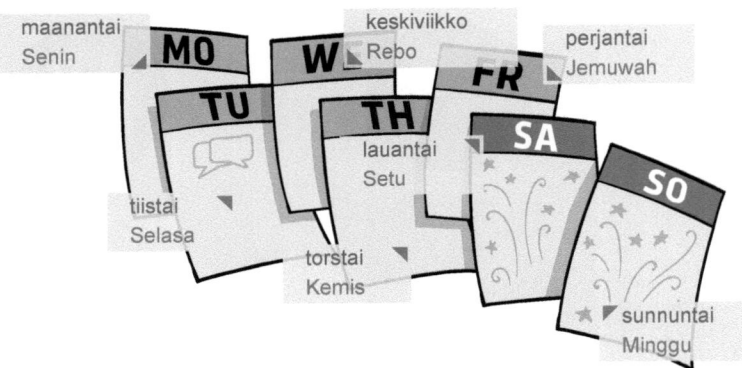

maanantai
Senin

MO

W
keskiviikko
Rebo

perjantai
Jemuwah

TU

TH
lauantai
Setu

FR

SA

SO

tiistai
Selasa

torstai
Kemis

sunnuntai
Minggu

eilen
....
wingi

tänään
....
saiki

huomenna
....
sesuk

aamu
....
esuk

keskipäivä
....
awan

ilta
....
bengi

työpäivät
....
dina kerja

viikonloppu
....
akhir minggu

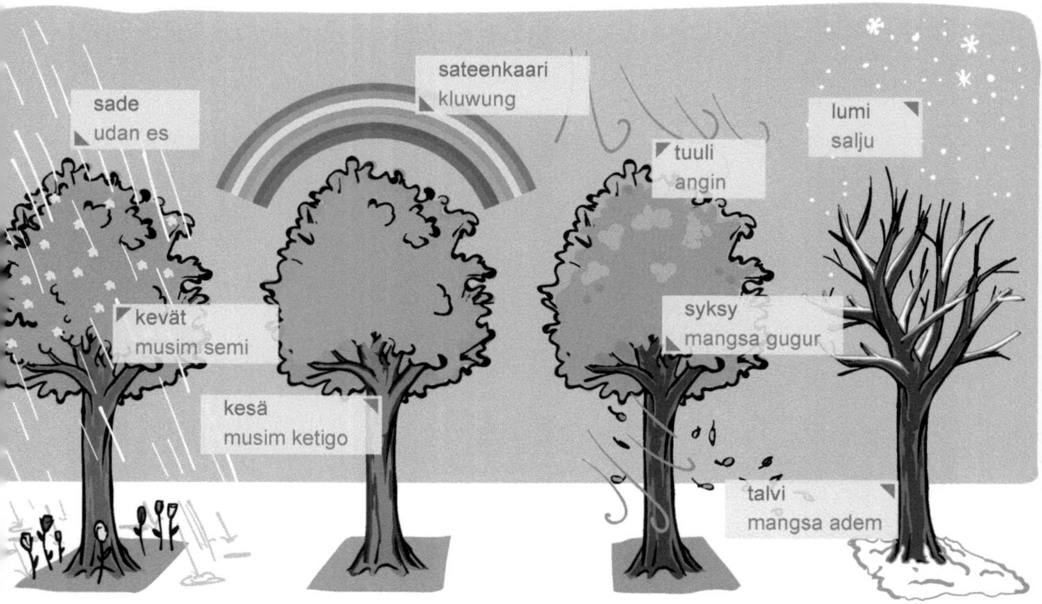

sade
udan es
sateenkaari
kluwung
tuuli
angin
lumi
salju
kevät
musim semi
syksy
mangsa gugur
kesä
musim ketigo
talvi
mangsa adem

4.APRIL 11°
5.APRIL 4°
6.APRIL 13°
7.APRIL 8°
8.APRIL 10°

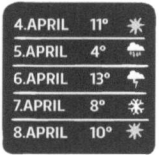

sääennuste

ramalan cuaca

F
C

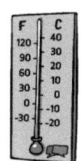

lämpömittari

termometer

auringonpaiste

srengenge

pilvi

mendhung

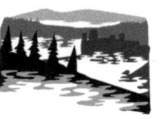

sumu

kabut

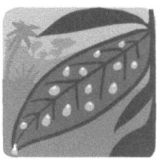

ilmankosteus

kelembapan

salama
kilat

ukkonen
bledheg

myrsky
badai

rae
udan es

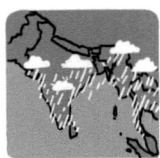

monsuuni
muson

tulva
banjir

jää
es

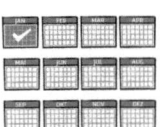

tammikuu
Januari

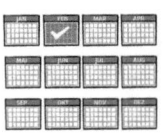

helmikuu
Februari

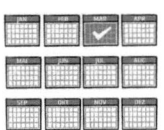

maaliskuu
Maret

huhtikuu
April

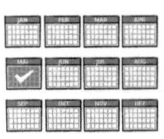

toukokuu
Mei

kesäkuu
Juni

heinäkuu
Juli

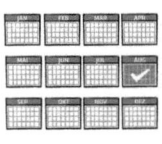

elokuu
Agustus

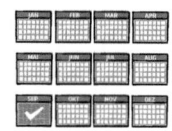

syyskuu

September

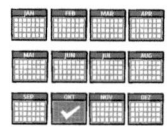

lokakuu

Oktober

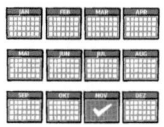

marraskuu

Nopember

joulukuu

Desember

muodot
wangun

ympyrä

bunder

neliö

kuadrat

suorakulmio

segi papat

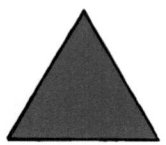

kolmio

segi telu

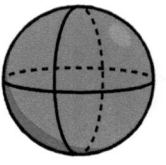

pallo

bal

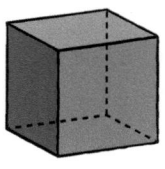

kuutio

kubus

valkoinen

putih

keltainen

kuning

oranssi

oranye

vaaleanpunainen

jambon

punainen

abang

violetti

ungu

sininen

biru

vihreä

ijo

ruskea

coklat

harmaa

abu-abu

musta

ireng

paljon / vähän

akeh / sithik

vihainen / ystävällinen

nesu / kalem

kaunis / ruma

ayu / elek

alku / loppu

pawitan / pungkasan

suuri / pieni

gede / cilik

vaalea / tumma

padhang / peteng

veli / sisko

edulur lanang / sedulur wadon

puhdas / likainen

resik / reged

täydellinen / epätäydellinen

pepak / ora pepak

päivä / yö

awan / bengi

kuollut / elävä

mati / urip

leveä / kapea

jembar / sempit

syötävä / syömäkelvoton

iso dipangan / ora iso dipangan

paha / kiltti

ala / becik

innostunut / tylsistynyt

seneng / bosen

lihava / laiha

lemu / kuru

ensimmäinen / viimeinen

pisanan / pungkasan

ystävä / vihollinen

kanca / musuh

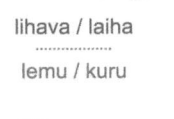

täysi / tyhjä

kebak / kosong

kova / pehmeä

atos / empuk

painava / kevyt

abot / enteng

nälkä / jano

luwe / wareg

sairas / terve

lara / waras

laiton / laillinen

illegal / legal

älykäs / tyhmä

pinter / bodo

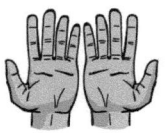

vasen / oikea

kiwa / tengen

lähellä / kaukana

cedhak / adoh

uusi / käytetty

anyar / lawas

ei mitään / jotain

ora ana / ana

vanha / nuori

tuwa / enom

päällä / pois päältä

urip / mati

auki / kiinni

buka / tutup

hiljainen / äänekäs

anteng / rame

rikas / köyhä

sugeh / mlarat

oikein / väärin

bener / salah

karhea / sileä

kasar / alus

surullinen / iloinen

susah / seneng

lyhyt / pitkä

cendhak / dawa

hidas / nopea

alon / banter

märkä / kuiva

teles / garing

lämmin / viileä

anget / adem

sota / rauha

perang / tentrem

0	**1**	**2**
nolla	yksi	kaksi
nol	siji	loro

3	**4**	**5**
kolme	neljä	viisi
telu	papat	limo

6	**7**	**8**
kuusi	seitsemän	kahdeksan
enem	pitu	wolu

9	**10**	**11**
yhdeksän	kymmenen	yksitoista
songo	sepuluh	sewelas

12

kaksitoista
rolas

13

kolmetoista
telulas

14

neljätoista
patbelas

15

viisitoista
limolas

16

kuusitoista
nembelas

17

seitsemäntoista
pitulas

18

kahdeksantoista
wolulas

19

yhdeksäntoista
songolas

20

kaksikymmentä
rong puluh

100

sata
satus

1.000

tuhat
sewu

1.000.000

miljoona
sak yuto

englanti

basa Inggris

amerikanenglanti

basa Inggris Amerika

mandariinikiina

basa Cina Mandarin

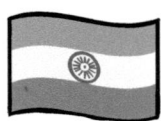

hindi

basa Hindi

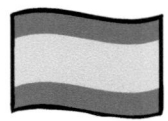

espanja

basa Spanyol

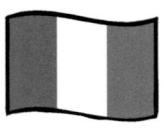

ranska

basa Prancis

arabia

basa Arab

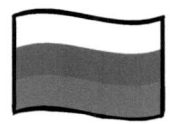

venäjä

basa Rusia

portugali

basa Portugis

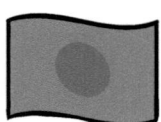

bengali

basa Bengali

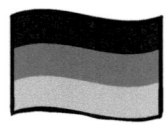

saksa

basa Jerman

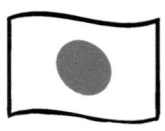

japani

basa Jepang

minä
aku

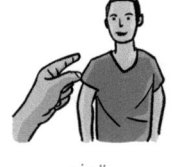

sinä
kowe

hän
dheweke

me
kita

te
kowe kabeh

he
dheweke kabeh

kuka?
sapa?

mitä / mikä?
apa?

miten?
piye?

missä?
neng endi?

milloin?
kapan?

nimi
jeneng

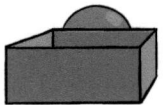

takana

mburi

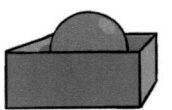

sisällä

ing jero

edessä

ing ngarep

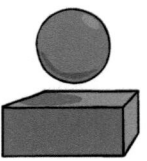

yläpuolella

ing dhuwure

päällä

ing

alapuolella

ing ngisore

vieressä

sisih

välissä

antarane

paikka

panggonan